W9-BUU-650

DATE DUE

Animales del
mar

de **Sharon Gordon**

Asesora de lectura: Nanci R. Vargus, Dra. en Ed.

Marshall Cavendish
Benchmark
Nueva York

Palabras ilustradas

 agua

 ballena

 caballo de mar

 delfines

 langosta

 medusas

 pulpo

 tortuga marina

Los animales del mar
se mueven en el ⬤.

4

Las flotan.

El nada.

8

La salta.

El se esconde.

12

La se desliza.

La 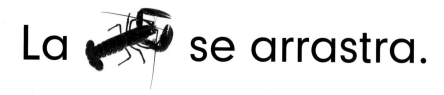 se arrastra.

16

Los juegan.

¡Yo también me muevo en el !

Palabras para aprender

arrastrarse moverse cerca del suelo

deslizarse moverse suavemente

flotar permanecer o moverse en el agua
o en el aire

Datos biográficos de la autora

Sharon Gordon es autora, editora y redactora publicitaria. Es egresada de la Universidad Estatal de Montclair en Nueva Jersey y ha escrito más de cien libros para niños, varios para Marshall Cavendish, entre los que se incluyen trabajos de ficción, no ficción e historia cultural. Junto con su familia, disfruta explorar la fauna y la flora de Outer Banks, Carolina del Norte.

Datos biográficos de la asesora de lectura

Nanci R. Vargus, Dra. en Ed., quiere que todos los niños disfruten con la lectura. Ella solía enseñar el primer grado. Ahora trabaja en la Universidad de Indianápolis. Nanci ayuda a los jóvenes para que sean maestros. Ha ido a nadar con las tortugas marinas en Barbados.

Marshall Cavendish Benchmark
99 White Plains Road
Tarrytown, NY 10591
www.marshallcavendish.us

Library of Congress Cataloging-in-Publication Data

Gordon, Sharon.
[Ocean animals. Spanish]
Animales del mar / por Sharon Gordon.
p. cm. – (Rebus. Animales salvajes)
Includes index.
ISBN 978-0-7614-3431-3 (Spanish edition) – ISBN 978-0-7614-2903-6 (English edition)
1. Marine animals–Juvenile literature. I. Title.
QL122.2.G6718 2009
591.77–dc22
2008018212

Editor: Christine Florie
Publisher: Michelle Bisson
Art Director: Anahid Hamparian
Series Designer: Virginia Pope

Traducción y composición gráfica en español de Victory Productions, Inc.
www.victoryprd.com

Photo research by Connie Gardner

Rebus images, with the exception of jellyfish, provided courtesy of Dorling Kindersley.

Cover photo by Eureka Slide/Super Stock

The photographs in this book are used with permission and through the courtesy of: Pacific Stock/
Super Stock, p. 2 (jellyfish); Minden Pictures: p. 5 Chris Newbert; p. 13 Fred Bavendam; p. 19 Todd
Pusser/npl; Corbis: p. 7 Stefano Amantini; p. 9 Stuart Westmorland; Super Stock: pp. 11, 15 age
footstock; p. 21 Pacific Stock; Peter Arnold Inc: p. 17 M. Mavrikakis.

Impreso en Malasia
1 3 5 6 4 2